ANSIA
Paolo Russo

I edizione: Febbraio 2018
© Paolo Russo
ISBN 978-0-244-36679-7
Tutti i diritti riservati
In copertina: "Fulmini" – foto di Paolo
Russo (dicembre 2017)

Paolo Russo

ANSIA

"conoscersi per guarire"

*Trattato di analisi etica: metafora e
sintomi*

Psylibri Edizioni

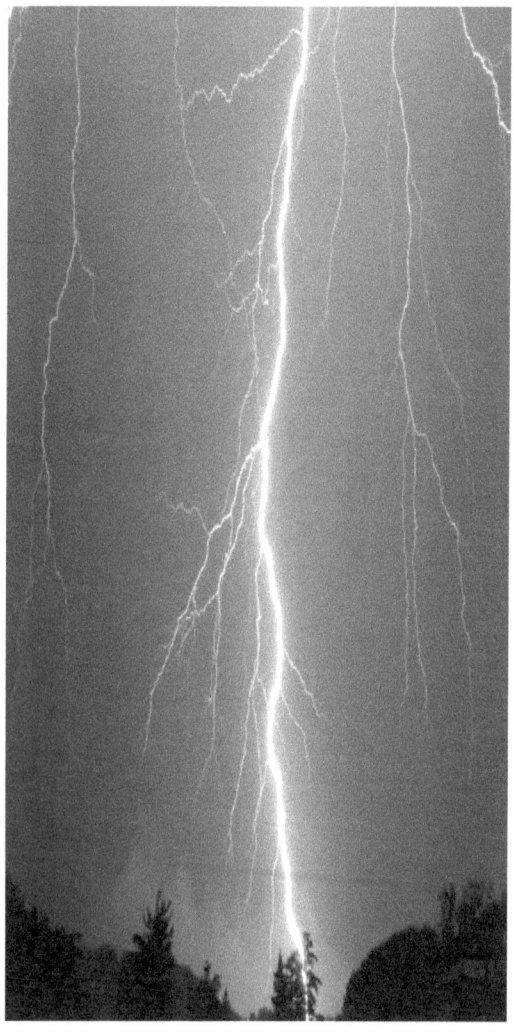

Ansia

Un abbraccio infuocato
di pensieri che ardono,
grida che anticipano il fiato,
echi stonati lungo sentieri malati
che contagiano di morte le speranze.
Quando le stelle di notte, d'un domani cupo
sono passi pesanti, sulla terra brulla
e immagini crudeli su schermi dorati,
la pazienza diventa impotente
cedendo il passo a questa morte viva.
Le braccia si fanno aperte e desolate,
scorre dentro tutto il corpo un brivido ghiacciato
che paralizza l'anima e ammutolisce i sogni...

Fino a quando si spegne il freddo
e si ricomincia a respirare.

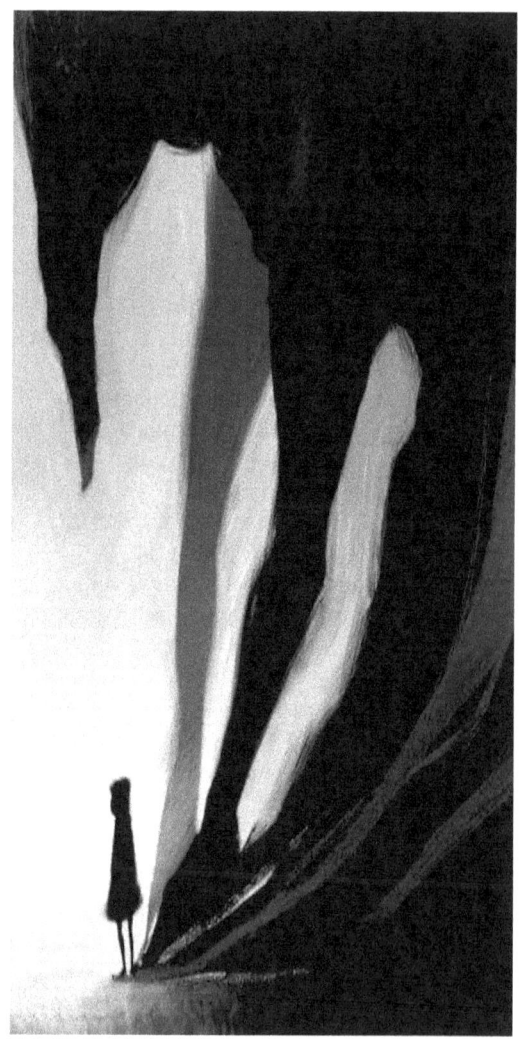

PRESENTAZIONE

Quando nella tua quotidianità troverai un fardello pesante, senza senso, fastidioso come un ragno poggiato sui tuoi capelli che non riuscirai ad allontanare e deciderai dopo aver sperimentato la tua impotenza di conoscerlo, di accettarlo nella tua vita... Quando arriverai a chiederti il perchè proprio tu hai sperimentato questa paura che ti disarma, che ti rende insensato, ti rende cattivo, diverso, strano, proprio allora quando farai i conti con la difficoltà di convivere con la voglia di resistere, con la voglia di essere diverso... proprio allora nella tua mente maturerai nuovi spazi per i tuoi mostri... hai cominciato anche senza volerlo a cucirteli addosso e solo quando ti sei abbandonato a loro hai capito che i pensieri cattivi erano grida di parti di te che stavi soffocando e che adesso sono a tua disposizione per il tuo viaggio alla scoperta delle cose della vita.

Soprattutto a te è dedicato questo libro, a te che puoi capire che le colpe sono ferite celate, nutrite da un senso di irrequietezza viscerale, sono spine sulla pelle ferita e su ferite mai cicatrizzate. Quando ti sei arrabbiato e volevi rompere tutto stavi semplicemente parlando la lingua dei tuoi mostri, volevi essere capito, riconosciuto, amato ora come allora, quando fragile qualcuno ha calpestato i tuoi bisogni.

A te che hai capito che la vita è un dono meraviglioso e che hai trasformato la tua difficoltà di vivere in una malattia, per tanto tempo, troppo... e che hai costruito sulle tue macerie muri temprati, a volte invalicabili fino a quando non hai compreso che alzarli non serve a nulla quando si è se stessi.

E maledetta quella volta che hai amato qualcuno perchè è proprio l'intimità che ricrea quelle paure che hai chiuso a chiave dentro la stanza più nascosta del tuo inconscio. Tu che temi ancora oggi le ferite, a te è dedicato questo libro, a te perchè sai capire e puoi fare del tuo

percorso interiore un nuovo mondo.
Pennellare con tinte nuove muri di
fragilità, anche le pareti di quelle
persone che hanno sedato la loro anima
perchè intolleranti a quei lamenti, a
quelle grida insopportabili. Quando
scrivi, disegni, balli, suoni, componi o
ci metti tutto te stesso per trasformare il
tuo pianto in virtù, le tue cicatrici in
saggezza, la tua presenza in un luogo
sicuro per poter permettere agli altri di
esprimere sorrisi sinceri.
Tu sai che non posso spiegarti l'ansia,
perchè l'ansia è un luogo che va
esplorato. Posso raccontarti le ansie che
ho conosciuto e le statue di fragilità su
piazze devastate, piazze finte di amor
proprio dove venivano eretti dei. Quelle
piazze erano i luoghi del dolore ed ogni
volta che i fedeli si riunivano a venerare
queste sculture esse subivano
trasformazioni, talvolta diventavano
giganti, eruditi, belli e talvolta
simpatici, competenti e intelligenti, dei
condannati alla compiacenza...
L'ansia è una via d'ingresso verso quel

mondo descritto dai poeti, verso quello che gli psicanalisti chiamano inconscio. E' un luogo terribile dove le sofferenze diventano pugnali sul cuore, cadute da altezze elevate, pelle crepata, per usare il lessico poetico, eppure è un luogo che non conosce la morte, è una morte da vivi. E' la sensazione che più assomiglia a quello che la gente comune indica con il termine "anima vagante". Quelle figure immortali vaganti e invisibili ai più...

L'ansia è una sensazione di dolore estremo, dolore di rappresentazione, siamo assassini, persone cattive, siamo vittime di malattie ma siamo noi stessi uccisi, feriti, ammalati, ovviamente con presunzione, e sentiamo quel dolore che ci vive dentro. E' una messa in scena di una poesia drammatica in cui diventiamo attori e interpreti favolosi. Siamo mente che non conosce la morte perchè l'angoscia dell'ansia è un'angoscia che travalica la morte: fisicamente si muore quando il corpo non ne può più, psicologicamente si sperimenta l'essere andati oltre la sopportazione...

Buona lettura

Paolo Russo
(www.drpaolorusso.it)

INTRODUZIONE

La Matrice (da "i Fiumi di Jane" Febbraio 2000)
"La matrice costituisce il nucleo centrale della nostra vita. Essa va considerata come un involucro che muta continuamente a seconda dei "detriti" apportati alla matrice stessa dai fiumi che costituiscono la nostra vita. Il destino è da considerarsi come una "legge" che non rientra strettamente nel significato proprio di questa parola, ma viene a rappresentare una circostanza già delineata prima di averla vissuta, pur se solo nell'aspetto più generale. Molteplici sono infatti le situazioni che si possono verificare al fine di determinare lo stravolgimento di una fase più o meno "brutta" della propria vita. La "fase brutta" è determinata da "agenti" che influiscono negativamente nella formazione o, meglio, nella determinazione di un obiettivo da raggiungere. Questa fase si presenta

nelle persone in cui determinati detriti non sono stati assorbiti in maniera ottimale o quando addirittura non sono stati percorsi i fiumi da cui trarre esperienza. La "fase bella" è costituita da quelle circostanze in cui un determinato obiettivo può essere raggiunto con l'aiuto e quindi grazie all'influenza di un agente esterno; tale fase comporta una gioia immensa ed una formazione di detriti che alla fine del percorso di un fiume vanno a costituire, all'interno della nostra matrice, un legame con l'agente esterno che ha contribuito alla nostra gioia. I fiumi determinano situazioni che mutano spesso il nostro modo di interpretare la realtà: più ci si allontana dalla nostra matrice più vediamo le cose in modo diverso, poichè viviamo i detriti senza averli messi in concomitanza con gli altri già assorbiti nella nostra matrice. Non è mai opportuno vivere distaccandosi pienamente dalla propria matrice ma, al contrario, è sempre opportuno farsi guidare al raggiungimento della stessa da un agente che può essere un amico, una persona di fiducia... La matrice, che rappresenta la parte centrale di noi stessi, non va mai trascurata, e a tal fine è opportuno confrontare la vita che si vive al momento con una situazione di gioia. Solo così è possibile capire se ci si trova a vivere un fiume lontano dalla nostra matrice e quindi si può provvedere di conseguenza. Quando i fiumi si distaccano in modo determinante dalla matrice, conviene non affrontare situazioni importanti poichè si rischierebbe di affrontarle in maniera sbagliata. Ciò comporterebbe un allontanamento ancora più evidente da quella che è la matrice propria, e se simili momenti diventano recidivi si può rischiare di vivere fiumi notevolmente distanti dalla matrice e, quindi, di vedere la realtà come non è effettivamente. La realtà è unica e uguale per tutti, sono i detriti a farla percepire in modo diverso, ma se questa realtà viene vista da fiumi abissalmente lontani dalla matrice conduce ad uno stato di cosiddetta *pazzia*: una visione della realtà per mezzo di un solo detrito non assorbito che viene a costituire una sorta di matrice sostitutiva. Molteplici sono i campanelli di allarme che possono indurre agenti esterni, come attirandoli, a fornire aiuto..." . Così nel 2000 cercavo di costruire un'architettura dell'inconscio utilizzando la metafora della vita per eccellenza: il fluire del mare. Il mare a cui tutto giunge attraverso i fiumi che attraversano montagne, colline e pianure. La morfologia della natura che si trasla dentro di noi. Noi siamo il riflesso della natura talvolta abbandonata e offesa, talvolta curata e amata. L'agente è l'altro che noi richiamiamo ma che risponde solo se sa che la nostra natura è natura tanto quanto la sua. Il senso dell'esistenza è il confluire di esperienze che ci danno ragione dell'umanità, sono strumenti che acquisiamo attraverso la consapevolezza che le stagioni non sono eterne, che tenebre e luce si alternano, come caldo e freddo, pioggia e siccità e ciò è scritto in ogni fiume che sgorga dentro noi. Le emozioni sono il risultato di una configurazione interna, una sorta di architettura della fantasia inconscia in cui gli elementi sono reali e sono espressioni del sentire. La poesia ha il dono di farci capire come l'immagine diventa emozione, la poesia come l'arte in generale che è semplicemente una rappresentazione o messa in scena dell'inconscio. La mancanza di esperienza è vulnerabilità, che spesso ci conduce a bloccare il flusso e a confondere il tutto con il particolare. Allora una stagione fredda può sembrarci la vita in generale e l'incapacità di resistere prende la forma di un vero e proprio disturbo psicologico.

Ricontattare la vitalità della natura è la strada per uscire dall'ansia, ricominciare a fluire aldilà degli ostacoli con la fiducia che passato il freddo anche questa esperienza sarà uno strumento in più per vivere appieno il reale e per riconoscere nell'altro una natura da rispettare e da proteggere tanto quanto la nostra.

L'ANSIA E I SUOI SINTOMI

L'ansia è una delle risposte che il nostro corpo o la nostra mente mettono in atto in determinate situazioni. Spesso è lo sperimentare la nostra vulnerabilità che ci fa conoscere l'impossibilità di gestire sintomi fino ad allora privi di attenzione. Esiste un meccanismo che chiamerò "*meccanismo dell'ossessione*" che consiste nel fissare un pensiero senza che vi sia fluidità di immagini. Una sorta di fotografia di una parte di un'immagine viva a cui segue eccessiva emotività. E' come se per certi versi si azionasse un meccanismo a tema, una sorta di genere, e venisse trasmesso a ripetizione.

Esistono due indici specifici che se contenuti ci proteggono dall'angoscia: il primo è "*l'indice di vulnerabilità*" cioè la capacità di ridimensionare il reale non essendone invischiati o perlomeno più si è invischiati più la vulnerabilità è alta. Il secondo è "*l'indice ossessivo*" cioè per quanto tempo e con che frequenza girano le immagini ossessive sopra descritte. Se l'indice di vulnerabilità è basso le immagini non fanno effetto, anzi potremmo dire che ripetizioni sono frequenti nella quotidianità, se l'indice di vulnerabilità è alto subentra una sorta di sopraffazione che non è paura ma senso di impotenza e di limite estremo, la cosiddetta angoscia. E' chiaro che l'indice ossessivo alto è un segno di un malessere che però non innesca necessariamente una crisi d'ansia. Se la vulnerabilità la sperimentiamo davanti a un forte stress, le ossessioni diventano un tentativo mentale di trovare risposte a paure specifiche. La natura delle ossessioni è determinata da contenuti che hanno sempre a che fare con l'impossibilità di gestire e quindi con la paura di impazzire, di morire, di sbagliare, ecc. ecc., una sorta di proiezione di scene e immagini dal contenuto drammatico che sono un'esasperazione di emozioni simbolicamente rappresentate da presunti comportamenti agibili. Una sorta di sogno che rappresenta l'impotenza di fronte alle emozioni, è una rappresentazione drammatica e per immagini di quello che ci ha fatto sperimentare la nostra vulnerabilità.

Se per esempio una persona eccede le proprie forze fisiche o subisce un trauma sperimenta qualcosa che non si può controllare, questo qualcosa verrà replicato attraverso il contenuto simbolico delle ossessioni fino a quando l'indice di vulnerabilità non verrà ristabilito. In acutie relax, meditazione, psicoterapia potrebbero essere insufficienti così come sarebbe sbagliato prendere farmaci ai primi segni di vulnerabilità. Sapere di essere estranei a quel qualcosa che ci spaventa durante una crisi di panico è una conquista che si fa dopo un po' di tempo e che passa per una consapevolezza sempre maggiore di se stessi. Imparare a ricollocare i pensieri ossessivi nell'ambito del sogno o dell'emozione è un lavoro che da un lato ha la conseguenza di aiutarci a proteggerci dalle fatiche eccessive e dall'altro di insegnarci la capacità di imparare a rendere più fluido il cambiamento. Poichè noi ci facciamo un torto se ci convinciamo di essere l'immagine che abbiamo di noi stessi. Noi siamo anche ciò che non è pensato e pensabile. Siamo un flusso che non si sa dove porta, possiamo incidere sul flusso ma non lo dobbiamo interrompere. L'ossessione ha la caratteristica di convincerci che siamo quel pensiero ma il pensiero è solo una minima parte della nostra vita. L'ansia è proprio la dimostrazione palese che siamo ciò che non pensiamo di poter essere.

Il far propria questa consapevolezza è la guarigione dalla vulnerabilità perchè intimamente l'ossessione diventa una emozione e cioè uno dei tanti brividi di quell'avventura che è la vita.

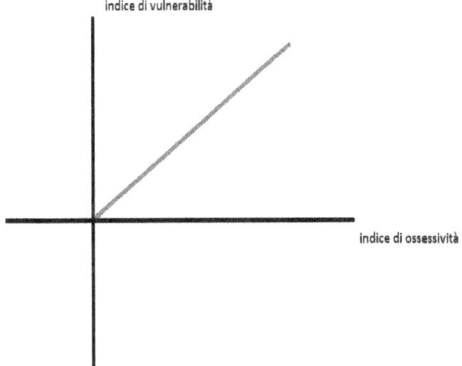

Indici dell'ansia

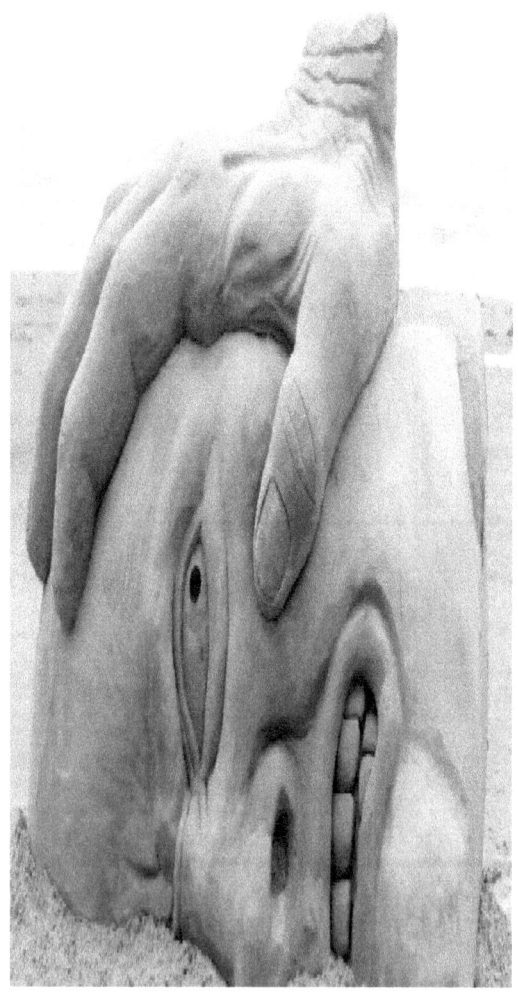

LA RABBIA COME DIFESA
DELLA VULNERABILITA'

Perdere autostima ed essere fragili può porci nella condizione di difenderci dagli altri. L'altro diventa uno che usura o che ci sfrutta o che si prende gioco di noi. In realtà è la condizione stessa della vulnerabilità che ci porta a difenderci spesso impropriamente. Con un livello di vulnerabilità alto aumentano la suggestione e la percezione. E' proprio per questa condizione di allerta massima che attiviamo, che spesso finiamo per nutrire il sistema dell'ansia.

Si pensi per esempio a chi ha paura di essere pazzo: si sorprenderà ad ogni rumore oppure si potrebbe arrabbiare persino per uno sguardo di troppo come se l'altro vedesse in lui il disagio.

Vulnerabilità e ossessione avvengono a partire da una novità. Se c'è una novità diventiamo più vulnerabili fino a quando ossessionando non troviamo le risposte che ci servono. La crisi ansiosa è un vuoto da riempire, una risposta da trovare che potrebbe anche essere una parte di noi stessi da tirare fuori dalla repressione o dalla svalutazione. In altri termini l'ansia è uno sperimentare la vulnerabilità di fronte alla vita, una sorta di deja vu dei primissimi momenti della nostra esistenza.

LA PARTE PER IL TUTTO

Questo equilibrio tra ossessioni e vulnerabilità può portare a credere che il significato dell'ossessione parli di qualcosa di definito, in realtà il significato simbolico è antecedente al trauma: ciò che reprimevamo aveva motivo di essere represso, come per esempio la nostra incapacità di scontrarci o di mostrarci per paura del giudizio.

Queste emozioni che arrivano spesso sono accompagnate da ricordi di eventi in cui abbiamo sofferto, ciò che la nostra mente seleziona è la nostra sofferenza rimpicciolendo il quadro e le motivazioni più autentiche.

Spesso si può arrivare a provare odio per una persona perchè la nostra mente ci mostra tutte le volte che la stessa ci ha fatto sentire a disagio quando in realtà questa stessa persona ci ha anche amato e noi le abbiamo anche voluto bene.

Una delle cose che maggiormente si

apprendono nel percorso di consapevolezza dell'ansia è che siamo stati noi allora a decidere di indossare la maschera e che gli altri hanno recitato un ruolo di attribuzione.

L'ansia insegna a distruggere la maschera qui e ora e noi possiamo rimanere noi stessi e scontrarci con chi ci fa sentire a disagio al prezzo anche di non dedicargli il nostro tempo e il nostro amore. Nel contesto noi siamo una pedina determinante: se cambiamo noi cambia l'intero quadro e questo sapere l'ansia ce lo nasconde.

L'INCONSCIO E' MEMORIA

La realtà fisica esterna è registrata con la percezione di un momento specifico. Quella percezione appartiene a una configurazione interna a partire dall'educazione che crea paure e timori registrati come percorsi esperienziali dolorosi. Ciò che vediamo e che emotivamente ci fa male è un percorso che genera sofferenza che può ritornare ogni qualvolta ripercorriamo lo stesso percorso dentro di noi.

Isola

arcipelago

matrice

fiumi

Il fiume (*vd i fiumi di Jane*) come flusso della coscienza che contiene dentro sè l'esperienza può attingere da vissuti lontani dalla matrice fino a configurare una memoria comune di vissuti o isole, costituendo una memoria del particolare dove le cose che si ricordano ricompaiono alla mente in quel bagnare l'arcipelago della nostra esistenza. Sono momenti di terrore, vissuti di sopraffazione, senso di liberazione, talvolta rabbia, paura o immobilizazione. Ciò che la clinica chiama ansia è spesso connotato da un senso di impotenza che è nostalgia della matrice. Una sorta di forza stagnante che ci inganna nel presentarsi matrice. E' il particolare che spaventa nel fantasma del generale.

L'IMPULSO E L'AZIONE

Il fiume è una metafora in un percorso interno all'interno dei ricordi che si traduce in una manifestazione del comportamento. Così come la nostra mente esplora percorsi di memoria così noi esploriamo la realtà. Le immagini che vediamo sono le stesse immagini che incontra il pensiero così come le emozioni che proviamo rispondono alle stesse logiche dei pensieri che utilizzano dati di memoria. Esiste la determinazione che è un rispondere ad una focalizzazione di certi obiettivi, esiste l'ossessione che è un focalizzarsi su determinate scene di pensiero, rappresentazioni reali su cui immaginiamo presunte conseguenze drammatiche.

Il pensiero osserva dati di realtà anche estranei a noi, scene, immagini, che abbiamo incontrato nella nostra quotidianità. Le logiche del pensiero sono le logiche del comportamento. Solo che pensare non è fare semmai è guardare. Ovviamente se un bambino guarda scene drammatiche può rimanerne scioccato così l'adulto con un livello di vulnerabilità alto sarà un adulto angosciato o ansioso.

La derealizzazione è il presunto predominio del pensiero: fa vivere l'impulso di fare come se fare fosse liberatorio del pensiero stesso, è il meccanismo ossessivo che traslato su un piano immorale spaventa. Se l'impulso fosse quello di mangiare sarebbe diverso!

Il meccanismo imperativo dell'ansia è in realtà un meccanismo carente di frustrazione. Esiste una carenza di contenimento perchè il bambino che desidera spesso desidera anche ciò che gli fa male e se non viene liberato dalla schiavitù del pensare/fare non ne coglierà il senso più profondo. E' la frustrazione che crea il confine tra essere il tutto ed essere parte del tutto. Noi amiamo nella misura in cui percepiamo l'altro, se l'altro siamo noi ricadiamo nel meccanismo dell'indefinito. Allora se non creiamo dentro noi la capacità di contenere, di frustrare, ci spaventeremo davanti alla prepotenza della rappresentazione proprio perchè non sapremo ridimensionarla alla sua natura di immagine. Come scrivevo prima pensare è guardare così come si guarda quando si cammina.

LA FORMAZIONE DEL SINTOMO

La guarigione dall'ansia spesso avviene per spostamento e convinzione. Esiste uno stato di vulnerabilità che va placato costruendo una struttura capace di reggere un vissuto altrimenti troppo invasivo, questo passaggio evolutivo necessita di una trasformazione che passa per un rivivere fasi d'ansia profonde. La soluzione per non affrontare l'ansia e quindi il processo di cambiamento è quella di strutturare attorno a qualche sindrome la significazione dei sintomi d'ansia. Un riscontro che dà forma al quadro ansioso alleggerisce il carico del vissuto di vulnerabilità e più la forma si traduce in sindrome o malattia più i sintomi si allegeriscono. Per cui l'asma potrebbe essere la cura dell'ansia, cosi' come un'ernia presunta, un dolore reumatico, una gastrite e un intestino "debole". Queste "malattie" strutturano la percezione del disagio in un modo molto più accettabile e per esempio si diventa preoccupati perchè si ha l'asma piuttosto che l'angoscia, anzi l'angoscia si affievolisce e diventa preoccupazione per ciò che l'asma non permette di fare o per le visite e cure dall'allergologo per guarire dall'asma che spesso resta per tutta la vita... La focalizzazione verso uno stimolo assume pure dinamiche simili, per esempio si diventa fobici per non sentire un disagio molto più profondo. Il contenuto dei pensieri richiama temi ben definiti che ci mantengono in uno stato di vulnerabilità ma che in realtà sono solo una riproposizione di un essere stati troppo piccoli e indifesi di fronte a situazioni non gestibili emotivamente.

Un esercizio che si può fare con un indice di vulnerabilità alto è quello di dare in pasto pensieri alla propria mente: nella dinamica della fragilità la suggestionabilità ci induce a rimuginare su qualsiasi contenuto.

IL SINTOMO ESASPERATO

Una caratteristica illuminante delle persone che diventano consapevoli dell'ansia è quella di far risalire la causa del loro disagio a esasperazioni dovute all'incapacità di reggere certe frustrazioni.

E' come se la tolleranza alla frustrazione diminuisse e il non essere perfetto bastasse già a fare ricontattare la vulnerabilità.

E' una situazione di sofferenza perchè una persona potrebbe soffrire e sentirsi disperata semplicemente per un commento al proprio look, ad un gusto non condiviso o ad una opinione contro quel desiderio intimo di essere approvati.

Paradossalmente il bisogno è quello di nutrizione di stimoli positivi e incoraggianti, una sorta di "hai sempre ragione", "vai benissimo", proprio perchè questa soglia di vulnerabilità mina molto l'autostima. Il sistema nutre se stesso se si rimane nel meccanismo che tutto deve essere approvato. Nutre se stesso perchè ciò confermerebbe la nostra perenne vulnerabilità.

IL SISTEMA DELL'ANSIA

Vulnerabilità e ossessioni sono dei meccanismi naturali che si innescano in base agli eventi che viviamo. Nell'ansia il meccanismo di innesco salta: è come se si restasse ingabbiati in un'emozione che innesca il meccanismo senza che vi sia uno stimolo specifico. L'impatto con questo funzionamento è disarmante proprio perchè si provano emozioni sgradevoli senza nessun motivo. Si entra a poco a poco nel sistema dell'ansia e cioè più o meno consapevolmente si nutre l'angoscia di paura o di evitamento o di compulsioni. Mi spiego meglio! Pensando che possa venirci una crisi ci premuniamo evitando luoghi, situazioni sociali, impegni, dimostrando a noi stessi di essere ancora più vulnerabili. Quando l'aspetto ossessivo ci mostra paure di... uccidere, sbagliare, perdere il controllo, evitiamo situazioni o stimoli che ci potrebbero fare uccidere, sbagliare, ammalare ecc ecc, scatta il meccanismo della compulsione e cioè del fare qualcosa per evitare rischi presunti (che non esistono) dimostrando ancora di più a noi stessi la nostra vulnerabilità. Il sistema che nutre se stesso è un sistema perfetto fatto per perdurare. E' il disturbo d'ansia!

Un'altra difficoltà per uscire dall'ansia è la concatenazione di sintomi fisici che rendono lo stato di sofferenza un sistema che si alimenta da solo. Uno di questi sintomi è l'insonnia. L'insonnia alimenta lo stress fisico e il fisico durante il giorno rimane in stato di attivazione o agitazione.

Ci sono episodi che scatenano l'ansia perchè richiamano una fragilità, una copertura della fragilità fatta di convinzioni di un'identità inviolabile. Una ferita a questa identità causa rabbia come risposta difensiva, l'affezione ad un'identità è già di per sè un segno di una fragilità latente. La fragilità va accettata più che riparata, vista con strumenti adeguati come se fossimo un altro che ci osserva.

L'AUTOINGANNO DELL'ANSIA

La paura e la fuga presentano un'analogia con la timidezza e lo sfuggire dallo sguardo dell'altro. Si è sovrastati, questa vulnerabilità è la stessa che ci rende schiavi del pensiero congelato. Le immagini restano impresse e ci spaventano proprio perchè ci sovrastano. L'ansia ha a che fare senza dubbio con l'insicurezza, con la paura di essere se stessi fino in fondo, e solo rinunciando all'imperativo "essere qualcuno" riusciamo a ricostruire la nostra identità riconoscendoci il diritto di essere noi stessi. L'identità non diventa qualcosa da nascondere per stare con gli altri ma al contrario è qualcosa che determina le nostre relazioni e ciò che facciamo. In questa configurazione l'ansia disfunzionale non esiste. La stima parte dal riconoscimento di sè, costruire la propria autostima su una maschera è un autoinganno.

I PENSIERI INGESSATI

I pensieri ingessati: pensieri che non sono fluidi e che a volte spaventano.

Molte persone credono di essere ciò che pensano, in realtà nulla è più falso di ciò. I pensieri spesso sono fantasie. Ciò che ci spaventa è ciò che non faremmo mai. Questi pensieri si presentano come tentativo di scongiurare cose che non vorremmo mai che succedessero.

I pensieri spesso sono rappresentazioni simboliche di qualcosa che temiamo. Credere di poter far male a qualcuno può significare che non tollereremmo mai questa cosa piuttosto che il contrario.

La vulnerabilità può indurci a confondere la fantasia con il desiderio, in realtà il pensiero che ci preoccupa non è mai desiderio, semmai è il desiderio ossessionato, una parte dell'ossessione che non c'entra nulla con ciò che vogliamo o facciamo.

Guarire dall'ansia significa togliere il gesso ai pensieri. Spesso la vulnerabilità causa paura di perdere il controllo che può ingessare la paura di fare male agli altri, ciò significa che da una paura originale si finisce per costruirne una secondaria che non è altro che un rischio basato su una condizione che non è reale.

La paura di perdere il controllo non coincide con la perdita del controllo per cui spesso si soffre di pensieri nati dal nulla. Questo è un esempio di come il meccanismo ossessivo può generare pensieri ingessati.

Tornando alla guarigione togliere il gesso significa far fluire i pensieri, bisogna uscire dalla vulnerabilità per farlo. Esistono due strade: affrontando i traumi a cui ci ha riportato l'esperienza traumatica o rinforzando di nuovo la propria autostima e cioè la capacità di essere all'altezza delle situazioni. Spesso queste due strade procedono parallelamente proprio perchè l'aumento dell'autostima spesso è un effetto dell'aumento della consapevolezza, essere all'altezza delle situazioni significherà sostanzialmente anche riconoscere i propri limiti e rispettarli. La lezione del pensiero ingessato è proprio quella di farci evolvere nella direzione dell'accettazione che essere se stessi significa anche fare i conti con i propri limiti rispettando anche quelli degli altri. Una sorta di finestra su un modo di funzionare umano.

LA RESISTENZA: IL TEMA DEL NON LA VOGLIO PIU'...

All'interno dell'alterazione di coscienza e quindi all'interno di un indice di ossessività alto, quando immagini e coscienza alterano la normale percezione del flusso dei pensieri, un altro fattore rilevante è la resistenza. La nostra posizione rispetto a quello che sta succedendo. É come dire che se al posto dei pensieri c'era una situazione che non tolleravamo allo stesso modo non tollereremo i pensieri. Quello che nel linguaggio comune viene chiamata rigidità. La scarsa tolleranza alla frustrazione spesso ci rende più resistenti a far parte di certe situazioni sociali, allo stesso modo questa resistenza la pagheremo dentro un indice di ossessività alto. Paradossalmente diventa terapeutico acquisire la capacità di tollerare situazioni evitate per uscire dall'ansia. Le immagini cosiddette intrusive e fastidiose acquisiscono potere proprio grazie alla nostra intolleranza. Dare meno peso a certe situazioni è l'atteggiamento vincente per sminuire il peso dei pensieri. Come scrivevo prima infatti davanti ad un flusso ansioso è proprio il fatto di non voler l'ansia che crea la patologia. La cura è andare incontro non evitare, è apprendere strategie non creare barriere.

Il sintomo è resistenza manifesta, è bisogno di creare spazi nuovi. L'evitare gli altri e quindi situazioni spesso è evitare parti di noi stessi. Avere paura di qualcosa è avere paura di noi stessi e l'altro che temiamo è un altro che abita anche dentro noi con cui dobbiamo imparare a stare bene. Spazio mentale è spazio reale e questo è anche il senso che volevo dare al libro "i fiumi di Jane".

L'ANSIA E L'ESASPERAZIONE
DEI SINTOMI

Una delle caratteristiche principali dell'ansia è la paura soggettiva che prende forma a partire da una interpretazione catastrofica dei sintomi corporei.

Se si ha una vulnerabilità alta sudorazione, rigidità muscolare, tachicardia, formicolio, potrebbero essere letti come segni o conferme delle nostre paure più catastrofiche.

E' come se avessimo una tavola con un fumetto di cui dobbiamo decidere dialoghi e colori e avessimo in mente solo idee catastrofiche e colori accesi.

La lettura che facciamo dei sintomi parte sempre dalle nostre paure più profonde. Per esempio una persona che ha paura di essere pazza potrebbe leggere la rigidità muscolare come una presenza o una allucinazione e qualcuno che crede di essere malato può leggere la tachicardia come un infarto, e così via sintomi simili vengono visti in maniera soggettiva ma con la costante della catastrofe imminente.

L'ANSIA E LA PROPRIA STORIA DI VITA

Uno dei segnali più importanti del fatto che stiamo rielaborando ciò che abbiamo represso è proprio il provare angoscia rievocando immagini della nostra storia di vita. Immagini che ci ricordano come noi "passavamo sopra" e "facevamo le cose lo stesso" quando in realtà c'erano tutti i motivi per essere angosciati. L'angoscia di allora la riviviamo adesso e questo rivivere l'angoscia per quanto possa essere considerato come una ricaduta forte nel processo di guarigione è in realtà il segnale di uscita dall'ansia. Un bambino non può elaborare come un adulto emozioni fortissime quali il vissuto dell'abbandono o l'abuso. Se l'ansia si presenta da adulti sta semplicemente dandoci il messaggio di riprenderci la nostra parte autentica messa da parte come strategia "magica" per non essere abbandonati o abusati. Rivivere angosce del passato è il primo passo per ricontattare la nostra vera identità.

La vulnerabilità spesso però ci porta a proteggerci da tale angoscia. Inquadrare bene fatti ed eventi ci rende più sicuri. Se l'ansia si presenta oggi è perchè abbiamo bisogno di quella parte repressa, se il cervello ci rimanda l'angoscia repressa ha valutato che possiamo gestirla. La fiducia nella natura è uno degli elementi svalutati dall'ansioso. E' come se si volesse controllare anche la natura e non ci si potesse fidare di nessuno. Classico è sentire dire da chi soffre d'ansia che vorrebbe scappare persino da se stesso. Quando si scappa da se stessi si scappa da qualcosa che temiamo di esprimere che è la parte che ci ha fatto soffrire in passato e che abbiamo deciso di cancellare ritenendola responsabile della nostra sofferenza.

Chi ha fantasticato da piccolo di poter essere abbandonato o non voluto potrà diventare da grande estremamente disponibile e prendersi carico dei problemi degli altri, salvo poi sentirsi non capito e ulteriormente abbandonato, nutrendo inconsapevolmente un sistema di insicurezza e sfiducia in se stesso. Sicuramente in un momento di eccesso di stress queste persone ricontatteranno la vulnerabilità, il passaggio attraverso l'ansia gli donerà la possibilità di poter vivere serenamente e senza colpe i rapporti con gli altri in una situazione paritaria. Solo recuperando la fiducia in sè si può abbassare il livello di vulnerabilità e questo passaggio avviene a partire dall'integrazione di quelle emozioni o di quei comportamenti repressi per non essere abbandonati o non voluti bene.

Meritiamo di essere amati senza condizionamenti, se qualcuno ci ricatta lo fa perchè vuole controllarci!

Sta a noi decidere quanto tempo passarci insieme. Nei bambini piccoli invece il ricatto può essere vissuto come una realtà a tutti gli effetti, per esempio se la mamma dice al piccolo figlio che se non mangia non lo vuole più il bambino potrebbe pensare: "devo mangiare altrimenti la mamma mi abbandona"... trasformato in "la mamma mi avrebbe abbandonato perchè non mangiavo, figurarsi se la faccio arrabbiare o faccio disastri, ecc ecc... ", in una spirale di ansie che il cervello impacchetterà e ci restituirà da adulti. Anche i bambini vivono l'ansia ma spesso non hanno la capacità di contenersi per cui tanti pensieri vengono repressi dal nostro cervello per uno spirito di autoconservazione che è lo stesso principio per cui bisognerebbe fidarsi della natura del nostro corpo. Molti adulti somatizzano perchè non sono pronti a reggere il carico di angoscia e allora la natura gli può rimandare angoscie attraverso difficoltà digestive o emicrania. L'ansia è un'inquetudine indefinita, un senso di apprensione e pericolo! Una conferma dell'impossibilità di guarire. E' disperazione, ossessione, fragilità ma anche mancanza di equilibrio, tachicardia, iperventilazione, sudorazione e annebbiamento della vista.

Rigidità muscolare e paura di...uccidere, sbagliare, morire, ammalarsi e di non farcela. E' un disastro annunciato ma anche un'avventura introspettiva incredibile, una possibilità di poter comprendere gli altri e se stessi, l'unica strada verso la libertà dai condizionamenti e dalle maschere che spesso in maniera inconsapevole abbiamo indossato per anni. E' una liberazione a caro prezzo, una possibilità incredibile di diventare se stessi!

La guarigione passa proprio attraverso tutto questo.

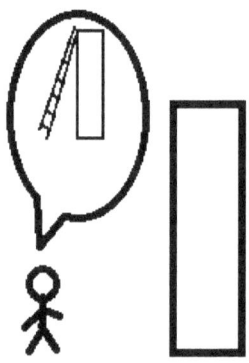

Schema della mancanza

LO SCHEMA DELLA MANCANZA

La persona è vulnerabile di fronte a un muro che sembra invalicabile, ci si può sentire violenti e disperati quindi il pensiero (l'ossessione) cerca di trovare soluzioni anche magiche, simboliche, potrebbe incontrare streghe, morti. La soluzione "scala" avviene a partire da un cambiamento di noi stessi che ha come effetto una sicurezza sulla nostra capacità di farcela a partire dal riconoscere quella parte di noi che è convinta del contrario. Sembra che l'ansia sia un confronto con qualcosa di enorme che inevitabilmente incontra un vissuto analogo. Una persona che è convinta di non essere abbastanza importante e degna di amore può cercare di soppiantare questo pensiero riempiendo la propria vita di oggetti (lavoro, amici, impegni, interessi, corsi), questo riempire è efficace fino a quando non si risperimenta l'impossibilità di farcela.

La soluzione potrebbe essere quella di riconoscersi il diritto di essere amato e amabile liberando parti di sè barattate con l'amore. Succede spesso infatti che il compromesso per essere amati da piccoli sia proprio piacere, rinunciando a desideri e spontaneità che spesso sono veri e propri talenti repressi.

La mente è un tuono

La mente è un tuono
dal rimbombo spaventoso
con echi di immagini
che trafiggono nude pareti
di fragilità.
Dopo la tempesta
non resta nulla
di un campo di fiori
baciati dal sole,
quando si è appesi
ad ancore di paura...
Quando si è sospesi
tra la terra che crepa
e un gabbiano che vola...

VISSUTO DI ABBANDONO/SEPARAZIONE

Chi soffre d'ansia può sperimentare la paura di rimanere da solo, un'angoscia che sembra somigliare a quella che esprimono i bambini quando la mamma li lascia in braccio a un estraneo o nella culla piangenti.

L'angoscia abbandonica, una sorta di disperazione associata a una paura incontenibile. Un gradiente di vulnerabilità altissimo pur senza ossessioni ci rende bambini in fasce, esseri simbiotici che non bastano a loro stessi per la sopravvivenza.

Sembra esserci una sfiducia in se stessi crescente che conferma l'incapacità a gestirsi o a gestire l'angoscia a seconda di come la si voglia vedere.

ANALISI DELLE ORIGINI

Dato che la vita è di per sè una collezione di eventi che mettono in gioco la nostra capacità di tolleranza alla frustrazione bisogna che nell'ansia si recuperi il filo conduttore degli eventi traumatici. Per riportare l'ossessione alla sua condizione di emozione bisogna che si faccia un lavoro a ritroso e cioè bisogna capire come questa emozione, così tenuta a bada, davanti all'evento stressante sia diventata ossessione. In poche parole bisogna capire le cause di questa emozione, capirne anche il contesto e la sua funzione. Spesso si ha rabbia che viene repressa per non sentirla, si compiace e si cerca di piacere a tutti, l'evento stressante alza la nostra vulnerabilità e l'ossessione mette in scena la rabbia. La rabbia non c'entra nulla con l'ansia ma se vogliamo migliorare la nostra condizione c'è bisogno di guardare anche perchè c'è. Trovarne le origini ci orienta verso un cambiamento della nostra intera personalità. Quindi per riassumere le paure di impazzire, di sbagliare, di morire, ecc ecc, sono legate alla vulnerabilità, le fantasie ossessive sono legate alle emozioni che reprimevavamo prima dell'evento traumatico.

Il cambiamento lo si avverte quando ci si accorge che situazioni che prima erano normali adesso ci diventano strette perchè stiamo recuperando il nostro diritto ad esserci sempre.

La persona che non esprimeva la rabbia quando riceveva soprusi da alcune figure, per esempio i genitori, comincerà a sentire il fastidio ed il diritto di difendersi.

L'AUTOSTIMA E LA TEORIA DI SE STESSI

La vulnerabilità è una condizione sgradevole e angosciante, per usare una metafora è come essere una lumaca su un marciapiede affollato o paradossalmente un passante che può schiacciare qualcuno senza accorgersene.

Ovviamente la metafora rappresenta il vissuto psicologico e non quello che in realtà si andrà a fare. Un vissuto talmente spaventoso che genera spesso paura di riviverlo, cioè che diventa esso stesso un problema. La vulnerabilità paradossalmente potrebbe nutrirsi di conferme di fragilità. Per curare l'autostima bisogna innaffiare il germoglio che abbiamo dentro, bisogna in qualche modo crescere a partire dalla nostra autenticità. Il bisogno più estremo di un bambino piccolo è quello di avere l'adulto alleato proprio perchè l'adulto così grande e grosso può essere buono ma anche cattivo e minaccioso. Il bambino si adatterà alle richieste anche a costo di rinunciare a essere se stesso. E' comune, e purtroppo funziona molto bene, ricattare i propri figli per renderli più ubbidienti. Un ricatto potrebbe essere per esempio: "se fai così fai piangere la mamma... se piangi non ti voglio più, ecc ecc..." . La mia descrizione dell'infanzia è solo un tentativo di rievocare nel lettore tutte le immagini che hanno a che fare con questo schema nell'adultità. Essere fragili significa anche essere manipolabili e sentirsi in colpa. Ciò giustifica gli abusi spesso accettati all'interno di una coppia o in un contesto lavorativo come una sorta di convinzione di meritarsi tutto ciò. La rotta la si cambia a partire da un disagio, una sorte di morte (molto comune come tema negli esordi dell'ansia attraverso il sogno o il pensiero simbolico) della vita vecchia per una nuova. La rinascita ci riporta allo schema della vulnerabilità e qui, riprendendo il discorso del germoglio che facevo prima, tocca alla

nostra parte razionale prendercene cura.
La cura è relazione e realizzazione e
cioè entrare a contatto con le cose che ci
fanno stare meglio anche se
presumiamo di non esserne in grado.
E' un rivoluzionare le nostre
convinzioni su noi stessi, un riscoprire
la nostra etica.

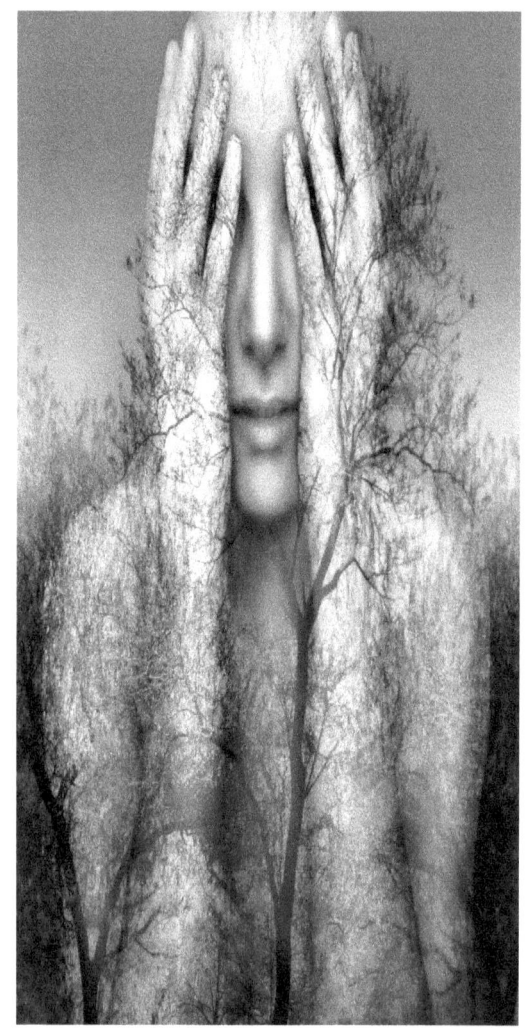

INDICE